Vesna Petruseva

Interkulturelles Lernen

GRIN Verlag

Bibliografische Information der Deutschen Nationalbibliothek:

Die Deutsche Bibliothek verzeichnet diese Publikation in der Deutschen National-bibliografie; detaillierte bibliografische Daten sind im Internet über http://dnb.d-nb.de/ abrufbar.

Impressum:

Copyright © 2004 GRIN Verlag GmbH
Druck und Bindung: Books on Demand GmbH, Norderstedt Germany
ISBN: 978-3-656-61975-8

Dieses Buch bei GRIN:

http://www.grin.com/de/e-book/32400/interkulturelles-lernen

GRIN - Your knowledge has value

Der GRIN Verlag publiziert seit 1998 wissenschaftliche Arbeiten von Studenten, Hochschullehrern und anderen Akademikern als eBook und gedrucktes Buch. Die Verlagswebsite www.grin.com ist die ideale Plattform zur Veröffentlichung von Hausarbeiten, Abschlussarbeiten, wissenschaftlichen Aufsätzen, Dissertationen und Fachbüchern.

Besuchen Sie uns im Internet:

http://www.grin.com/

http://www.facebook.com/grincom

http://www.twitter.com/grin_com

Universität Hamburg

IAAS

Abteilung Sprachlehrforschung

Seminar I b: „Fremdsprachliches

und interkulturelles Lernen im Tandem"

Hamburg, Juni 2004

Seminararbeit

Interkulturelles Lernen

Vesna Petruseva

Inhaltsverzeichnis

0   Einführung..3

1   Definition von Kultur...3

2   Definition vom interkulturellen Lernen...4

2.1 Ziele des interkulturellen Lernens...6

2.2 Prozesse interkulturellen Lernens...7

2.2.1   Fremdwahrnehmung...7

2.2.2   Kulturvergleich..8

2.2.3   Fremdverstehen..8

2.2.4   Perspektivenübernahme..9

2.3 Inhalte des interkulturellen Lernens..9

2.3.1   Bedeutungserwerb der Wörter...10

2.3.2   Was ist ein Stereotyp?...10

2.3.2.1 Stereotypen vs. Vorurteile...11

2.3.2.2 Wie werden Stereotypen im Fremdsprachenunterricht transportiert?...12

2.3.3   Umgang mit Zeit und Raum und Verhältnis zwischen Privat und
        Öffentlich..13

2.3.4   Kommunikative Stile...13

2.3.5   Interkulturelle Missverständnisse..13

2.3.6   Literarische Texte...14

2.4 Das Tandem als Ort interkulturellen Lernens 15

2.4.1   Fallbeispiel... 16

3   Zusammenfassung..18

Anhang...19

Literaturverzeichnis...22

0 Einführung

In dieser Hausarbeit wird der Frage nachgegangen, was man in Rahmen des Fremdsprachenunterrichts als interkulturelles Lernen bezeichnet, welche Lernziele damit verfolgt werden, welche Prozesse interkulturellen Lernens eine Rolle spielen und an welchen Inhalten man das festmachen kann. Anschließend wird die Möglichkeit interkulturellen Lernens beim Sprachlernen im Tandem anhand eines Transkripts eingeschätzt.

1 Definition von Kultur

Als erstes soll man den Begriff Kultur klären bevor man sich mit interkulturellem Lernen beschäftigt, denn er ist grundlegend dafür. Wie auch problematisch dieser Begriff zu sein scheint, es gibt eine Übereinstimmung darüber, dass der Kulturbegriff in Hinsicht des interkulturellen Lernens breiter gefasst werden muss. Nicht nur die hohe Kultur, wie Literatur, Kunst, Musik, sondern auch und besonders die Alltagskultur, d.h. der Umgang der Menschen mit einander im täglichen Leben muss berücksichtigt werden.

„Kultur ist die gesamte Art zu leben, inklusive Werte, Glauben, ästhetische Standards, linguistische Ausdrucksweisen, Gedankenmuster, Verhaltensnormen und Kommunikationsweisen, welche eine Gruppe von Menschen entwickelt hat, um ihr Überleben in einer bestimmten physischen und menschlichen Umwelt zu sichern."[1]

Die Kultur ist eine Interaktion zwischen ihr und ihre Mitglieder: sie prägt sie, wird aber gleichzeitig von ihren Mitgliedern gestaltet. Sie ist Reaktion und Antwort auf die geltenden und bestimmten Bedürfnisse ihrer Mitglieder.

Dieser erweiterte Begriff umfasst auch Teile der Gesellschaft (Subkulturen) mit ihren materiellen und immateriellen ‚Äußerungen' wie Sitten, Bräuche, Regeln, Gesetze, Religion, Kunst, usw.

Beim interkulturellen Lernen gilt das Prinzip der Gleichwertigkeit der Kulturen. Wenn zwei Kulturen verglichen werden, werden sie nicht bewertet, welche ‚besser' und welche ‚schlechter' ist, sondern es geht darum anzuerkennen, dass verschiedene Kulturen verschiedene kreative Möglichkeiten (unter vielen) darstellen, die Welt zu strukturieren und zu ordnen.

Die Kultur hat die Funktion eines Orientierungssystems. Nach diesem System werden die Dinge wahrgenommen, es beeinflusst unser Denken, Handeln, Werten. Dadurch wird unsere Zugehörigkeit zur Gesellschaft bestimmt.

---

[1] Hoopes & Pusch 1981, zitiert nach Bechtel 2001

Jede Kultur ist ein spezifisches Referenzsystem, das sich von anderen unterscheidet und eigene Standards hat. Auf der Grundlage von einem in der gesellschaftlichen Gruppe geteilten Bestand an Wissen über Denk-, Vorstellungs-, Wahrnehmungs- und Verhaltensformen sowie Handlungspraktiken, werden Standards für Handeln und Maßstäbe für Bewertungen gesetzt. Dieser Bestand verfestigt sich zu Präsuppositionen (Selbstverständlichkeiten). Die Standards werden als normal, typisch und verbindlich angesehen und auf deren Grundlage werden eigenes und fremdes Verhalten beurteilt.

Auch für Knapp-Potthoff ist die Kultur ein abstraktes System von zwischen Gesellschaftsmitgliedern geteilten Wissensbeständen, Standards des Wahrnehmens, Glaubens, Bewertens und Handelns, das in Form kognitiver Schemata organisiert ist und das sich im öffentlichen Vollzug von symbolischen und sprachlichen Handeln manifestiert.[2] Obwohl sich für Knapp-Potthoff Kultur im Wesentlichen mit Nation deckt, ist eine Nation keineswegs eine homogene Kultur. Der (national-)kulturelle Hintergrund, das Alter, Geschlecht, die Religion, die soziale Gruppe usw. spielen eine wichtige Rolle bei der Gestaltung von Subkulturen. In diesem Sinne ist jedes Individuum in gewissem Maße eine Subkultur.

Kulturen unterliegen einem zeitlichen Wandel (z.B. Begrüßungsrituale, Tischsitten, Kleidungskonventionen) und dürfen nicht als statisch aufgefasst werden. Das Wissen über die fremde Kultur muss ständig aktualisiert werden.

Durch zunehmende Migrationsbewegungen werden Individuen von mehreren Kulturen beeinflusst und es entstehen Mischkulturen.

Abschließend läßt sich noch sagen, das Kultur durch Heterogenität, Divergenzen, Widersprüche und Konflikte gekennzeichnet ist

All diese Merkmale der Kultur müssen im Kontext interkulturellen Lernens berücksichtigt werden.

2 Definition von interkulturellem Lernen

Dieser Begriff ist innerhalb der Fremdsprachendidaktik immer noch nicht völlig geklärt und wird für verschiedenste Bereiche gebraucht und sogar trivialisiert, wie manche Autoren behaupten.

Als wichtig erscheint zunächst zu klären wo überhaupt interkulturelles Lernen stattfindet. Dabei gemeint ist der Kontext Fremdsprachenunterricht.

---

[2] Vgl. Knapp-Potthoff, Annelie: Interkulturelle Kommunikation als Lernziel. In: Knapp-Potthoff, A., Liedke, M. (Hrsg.), *Aspekte interkultureller Kommunikationsfähigkeit*, München: Iudicum, 1997, S. 181-205

Es werden hauptsächlich drei Vermittlungskontexte herausgefiltert: die direkte Begegnung mit Angehörigen der Kultur, deren Sprache man erlernen möchte, dann indirekte Beschäftigung mit der fremden Kultur sowie innerhalb multikultureller Klassen.

Als wichtigste charakteristischen Merkmale interkulturellen Lernens gelten: Lernerorientierung, kontrastiver Zugang , Sprachbezogenheit, Prozessbetonung und Nicht-Inhaltsfixierung.

Der Lerner, und nicht der Lehrer steht im Mittelpunkt des interkulturellen Lernens. Als erlebendes und verstehendes Subjekt, bezieht der Lerner die eigenen kulturellen und sprachlichen Prägungen und Erfahrungen in den Lernprozess ein. Das wird zum Ausgangspunkt für die Beschäftigung mit der fremden Kultur. Ein *lernerorientiertes* Vorgehen soll dem Lerner schrittweise Zugänge zur fremden Kultur verschaffen, die an den wichtigsten Lebensbereichen   ansetzen. Diese Lernerorientierung unterscheidet das interkulturelle Lernen von bloßer Landeskunde. Es geht hierbei nicht darum, den Lerner völlig unauffällig der Zielkultur anzupassen und die eigenkulturelle Prägung völlig auszublenden, sondern dass er die eigene kulturelle Erfahrung in den Lernprozess einbringt. Die Orientierung am Leitbild „native speaker" wird zunehmend mit dem „intercultural speaker" ersetzt.

Noch ein Unterscheidungsmerkmal von landeskundlichem Unterricht ist der *kontrastive* Zugang zum Fremdsprachenlernen. Dabei werden die eigenen Wirklichkeitserfahrungen mit den fremdkulturellen gleichen Erfahrungen in Beziehung gesetzt. Dadurch entdeckt der Lerner das Fremde, reflektiert darüber und setzt sich mit dem Eigenen auseinander.

Interkulturelles Lernen ist kein Lernziel für sich und kann nicht isoliert vermittelt werden, sondern immer in Verbindung mit Sprachvermittlung. Sie werden als zwei Teile einer Einheit betrachtet. In diesem Sinne bezeichnet man interkulturelles Lernen als *sprachbezogen*. Das Fremde wird dem Lerner in der ihm fremden Sprache dargeboten und er muss sich darin verständigen. Der Erwerb einer fremden Sprache ermöglicht ihm einen unmittelbaren Zugang zu einer fremden Wirklichkeit. Sprachenlernen und Kulturlernen gehören zusammen im interkulturellen Ansatz.

Vermittlung von reinem Wissen über die fremde Kultur ist nicht ausreichend. So ein Wissen ist kaum systematisierbar und damit schwer vermittelbar ohne Spracherwerb. Interkulturelles Lernen gilt als *nicht-inhaltsfixiert*, das heißt der Lerner muss selbst die Inhalte bzw. kulturellen Bedeutungen durch Vergleich aushandeln. Da dies ein Prozess darstellt, charakterisiert man diesen Ansatz als *prozessbetont*.

2.1 Ziele des interkulturellen Lernens

Toleranz und Verständigung lernen, Aufgeschlossenheit gegenüber Angehörigen anderer Kulturen, Entwickeln von Bewusstheit für Kulturabhängigkeit von Werten und Normen, Gleichberechtigung und friedliches Zusammenleben mit Menschen mit anderem soziokulturellen Hintergrund, Entwicklung von Empathie und kritischer Toleranz, Vermeidung von kulturellen Missverständnissen usw. sind einige der Ziele interkulturellen Lernens.

Die oft zitierten Knapp und Knapp-Potthoff haben einen Katalog von sprachlich-interaktiven Fähigkeiten zusammengestellt, die die sogenannte interkulturelle Kompetenz ausmachen:

- Einsicht in die Abhängigkeit menschlichen Denkens, Handelns und Verhaltens und speziell auch des kommunikativen Handelns und Verhaltens von kulturspezifischen kognitiven Schemata;

- Einsicht in die Kulturabhängigkeit des eigenen Denkens, Handelns und Verhaltens und speziell auch des kommunikativen Handelns und Verhaltens (Aufbrechen der Selbstverständlichkeiten der eigenen Kultur);

- Fähigkeit und Bereitschaft zur Übernahme fremdkultureller Perspektiven;

- Kenntnis von Dimensionen, innerhalb derer sich Kulturen unterscheiden können

- Speziell Kenntnis unterschiedlicher kommunikativer Stile und Fähigkeit, solche Stile in der Kommunikation zu identifizieren;

- Fähigkeit zur Erklärung von Phänomenen kommunikativen Handelns und Verhaltens durch tieferliegende kulturelle Determinanten

- Einsicht in die Grundprinzipien der interpersonalen Kommunikation, insbesondere in die Mechanismen er Unsicherheitsreduktion, der Attribution und der Stereotypenbildung;

- Beherrschung von Strategien der Kommunikation mit beschränkten sprachlichen Mitteln;[3]

- Beherrschung von Strategien zur Identifikation und Analyse von Missverständnissen in der Kommunikation auf der Basis von Kenntnissen über:

  • Kulturunterschiede und ihre Auswirkungen auf kommunikatives Handeln und Verhalten,

  • lingua-franca-Gebrauch,

  • lernersprachliches Verhalten

- die speziellen Bedingungen der Kommunikation mithilfe von Sprachmittlern;

---

[3] Vgl. Knapp-Potthoff, Annelie: Strategien interkultureller Kommunikation. In: J. Albrecht, , H. W. Drescher, H. Göring, N. Salnikow (Hrsg.): Translation und interkulturelle Kommunikation. Frankfurt am Main 1987, S.423-437

- Beherrschung von Strategien zur Vermeidung und Reparatur von Missverständnissen in der Kommunikation. [4]

Die Zielvorstellung des interkulturellen Lernens geht über den ‚native speaker' hinaus und orientiert sich vielmehr an einem ‚intercultural speaker'. Die Eigenschaften eines intercultural speaker umfassen: Empathie (Bereitschaft und Fähigkeit sich in die Rolle des Anderen hineinzuversetzen), Rollendistanz (Fähigkeit sich vom Eigenen zu distanzieren und es kritisch zu betrachten – dadurch soll man für die Andersartigkeit der fremden Kultur sensibilisiert werden), Fähigkeit zur Identitätsdarstellung (Bereitschaft, die Differenz zwischen Fremdem und Eigenem zu erkennen und zwischen den zu vermitteln) und Ambiguitätstoleranz oder die Fähigkeit das Andere und die Abweichung von der eigenen Art zu leben zu akzeptieren, sich damit abzufinden, ohne dafür das eigene Lebenskonzept zu vernachlässigen.

2.2 Prozesse interkulturellen Lernens

Unter Prozesse interkulturellen Lernens versteht man kognitive und emphatische Operationen, wie Fremdwahrnehmung, Kulturvergleich und Perspektivenübernahme.

2.2.1 Fremdwahrnehmung

Generell gilt für die menschliche Wahrnehmung, dass sie selektiv ist; das heißt aus den vielen Reizen von der Umgebung wird nur eine begrenzte Menge wahrgenommen. Sobald wir was wahrnehmen, interpretieren wir aktiv. Das Wahrgenommene wird sofort in existierende Bedeutungsmuster und Kategorien eingeordnet, die wir im Laufe der Sozialisation in unserer Kultur als Vorerfahrungen herausgebildet haben.

Das Fremde wird immer mit der eigenkulturellen Brille wahrgenommen, mit dem Eigenkulturellem unvermeidlich verglichen und bewertet. Wahrnehmung ist also kulturell geprägt. Es besteht eine Art Automatismus zwischen Wahrnehmung, Interpretation und Wertung.

Für den Bereich der Wahrnehmung beim interkulturellen Lernen geht es um Bewusstmachung des Lerners, dass die Wahrnehmungsmuster durch die eigene Kultur geprägt sind. Um möglichst objektiv dem Fremden zu begegnen, soll man lernen das Unbekannte im Detail zu beschreiben und versuchen dabei nicht zu interpretieren und nicht zu werten, d.h. den Automatismus zu durchbrechen.

---

[4] Vgl. Knapp, Karlfried/Knapp-Potthoff, Annelie: Interkulturelle Kommunikation. In: Zeitschrift für

2.2.2 Kulturvergleich

Der Kulturvergleich gehört zu den wichtigsten kognitiven Akten, die beim interkulturellen Lernen vollzogen werden. Durch diese kognitive Operation gewinnt man Erkenntnisse. Das Neue, bzw. das Fremde wird mit dem Erfahrenen verglichen und erst dann integriert. Dieser Prozess wird permanent bewusst oder unbewusst durchgeführt. Er ist aber problematisch, denn man vergleicht oft falsch in dem man die Vergleichsebenen vermischt oder Erscheinungen aus dem Kontext reißt.

Wie bei allen anderen Vergleichen, ist es beim Kulturvergleich wichtig ein gemeinsames Merkmal zu finden als Grundlage des Vergleichs. Dieser gemeinsame Punkt (tertium comparationis) erlaubt uns zwei Dinge in Beziehung zueinander zu setzen. Auf einer höheren Stufe der Verallgemeinerung, müssen die Dinge immer noch eine Gemeinsamkeit haben. Diesen Vergleichspunkt nennt man auch Funktionsäquivalenz: wenn zwei Phänomene aus zwei verschiedenen Kulturen auf einer abstrakteren Ebene die gleiche Funktion erfüllen.

z.B. deutsche Schule – französische école

(Auf einer höheren Ebene erfüllen sie die gleiche Funktion als Bildungseinrichtungen)

Der zweite Schritt beim Vergleichen, nachdem man Gemeinsamkeiten herausgefiltert hat, soll eine Differenzierung auf einer konkreten Ebene beginnen; d.h. welche spezifische Ausprägungen die Phänomene in den verglichenen Kulturkreisen haben.

Für manche Wissenschaftler müssen die beiden Schritte gleichzeitig durchgeführt werden, ohne dass weder Gemeinsamkeiten, noch Unterschiede vernachlässigt werden.

Für andere wiederum, muss auch Ungleiches mit gleichen Kriterien in Beziehung zueinander gesetzt werden, weil auch diese Kriterien kulturspezifisch geprägt sind.

Das Endziel beim Kulturvergleich besteht darin, das Verglichene in den entsprechenden kulturellen Kontext einzuordnen.[5]

2.2.3 Fremdverstehen

Fremdverstehen ist ein umstrittener Begriff. Während er für Befürworter relativ unproblematisch ist, behaupten seine Kritiker, dass er sich auf das Eigene reduzieren lässt. Jeder Versuch, das Fremde zu verstehen, ist für sie „Übersetzung des Fremden in vertraute Kategorien des Eigenen."

Fremsprachenforschung 1, 1990, S. 62-93
[5] Vgl. Bechtel, Mark: „Aspekte interkulturellen Lernens beim Sprachenlernen im Tandem" Eine Sequenzanalyse. In: Meißner, F.-J. & Reinfried, M. (Hrsg.), Bausteine für einen neokommunikativen Französischunterricht: Lernerzentrierung, Ganzheitlichkeit, Handlungsorientierung, Interkulturalität und Mehrsprachigkeitsdidaktik. Tübingen: Narr, 2001, S. 61-63

Eine mittlere Position besagt, dass das Verstehen nur als Aneignung funktionieren kann. Das Fremde wird immer im Hintergrund das Eigene, Vertraute haben und immer begrenzt und unvollständig bleiben. Beim Fremdverstehen wird Fremdes in Beziehung mit Bekanntem gesetzt, Fremdheit wird abgebaut durch Verringern des Abstandes zwischen den Polen. Dieses ermöglicht Verstehen des Fremden, ohne es zu ‚entfremden'.

2.2.4 Perspektivenübernahme

Das Fremdverstehen setzt voraus die Fähigkeit zur Perspektivenübernahme. Es wird hier zwischen Innen- und Außenperspektive unterschieden. Die Perspektive zu wechseln bedeutet die Welt mit den Augen der anderen Kultur zu sehen, sich in die Rolle des anderen zu versetzen, aus dem eigenen Orientierungs- und Referenzsystem herauszutreten und zu versuchen das Funktionieren dieser Systeme in der anderen Kultur zu verstehen. Diese Form des Verstehens entspricht dem erwähnten Begriff von Empathie. Sie setzt voraus das Können (kognitiv-kommunikative Fähigkeiten) sowie das Wollen (Motivation).

Für das interkulturelle Lernen reicht diese erste Form des Verstehens (Einnahme der Innenperspektive) nicht aus, obwohl sie sehr wichtig ist. Die zweite Form ‚Außenperspektive einnehmen' ermöglicht dem Lerner die fremde Kultur mit unseren Augen von außen zu sehen. Dies bedeutet, dass man sich der anderen Kultur nicht ohne Vorbehalte anpaßt und die existierenden Wertsysteme übernimmt, sondern dass man eine Art kritische Distanz zu der fremden Kultur entwickelt.[6]

2.3 Inhalte des interkulturellen Lernens

Es stellt sich die Frage an welchen Inhalten sich das interkulturelle Lernen festmachen kann. Da uns ein breiter gefasster Begriff von Kultur vorliegt, können alle Komponenten einer Kultur thematisiert werden. Besondere Aufmerksamkeit genießen allerdings Alltagsthemen, die Alltagswissen und -Erfahrung der Angehörigen der jeweiligen Kultur widerspiegeln. Geburt und Tod, personale Identität, Leben in der Familie, Partnerschaft, Arbeiten, Umwelt, Ausbildung, Erholung, Konsum, Kommunikation, Verkehrsteilnahme, Gesundheitsfürsorge usw., sind menschliche Grundkategorien, die in jeder Kultur vorkommen und sich aus diesem Grund besonders für interkulturelles Lernen eignen.

---

[6] Vgl. Bechtel, Mark: „Aspekte interkulturellen Lernens beim Sprachenlernen im Tandem" Eine Sequenzanalyse. In: Meißner, F.-J. & Reinfried, M. (Hrsg.), Bausteine für einen neokommunikativen Französischunterricht: Lernerzentrierung, Ganzheitlichkeit, Handlungsorientierung, Interkulturalität und Mehrsprachigkeitsdidaktik. Tübingen: Narr, 2001, S. 67-71

2.3.1 Bedeutungserwerb der Wörter

Bekanntermaßen tragen viele Einzelwörter spezifische kulturellen Werte und Normen und die dahinterstehenden Konzepte zweier Sprache sind oft nicht deckungsgleich . Oft liegen verschiedene sprachlichen Segmentierungen der gleichen Wirklichkeit vor. Z.B. hat ein Eskimovolk fünf Wörter für Schnee, aber keinen sprachlichen Ausdruck für die Farbe rot.

In diesem Sinne lassen sich bestimmte Wörter gar nicht exakt übersetzen, weil sie verschiedene soziokulturelle Wirklichkeit widerspiegeln. So ist die Bedeutung des französischen Wortes „baguette" mit dem deutschen Wort „Brot" nicht völlig gedeckt.

Man geht davon aus, dass der Prozess des Bedeutungserwerbs durch Hypothesenbildung und ihre Verifizierung abläuft. Die neuen Begriffe werden mit den entsprechenden muttersprachlichen Begriffen in Beziehung gesetzt.

2.3.2 Was ist ein Stereotyp?

Interkulturelles Lernen kann auch an Umgang mit Stereotypen und Vorurteile festgemacht werden. Sie sind unumgängliche Begleiter im Fremdsprachenunterricht und beim interkulturellen Lernen im Tandem; aus diesem Grund wird ihnen in dieser Arbeit viel Aufmerksamkeit gewidmet.

Der Begriff „Stereotyp" ist überwiegend mit negativen Konnotationen besetzt.

In dieser Definition werden die sozialen Dimensionen betont:

„Stereotyp ist eine vereinfachte Vorstellung von einer Kategorie von Personen, Institutionen oder Ereignissen, wobei eine solche vereinfachte Vorstellung in ihren Grundzügen von einer großen Zahl von Menschen geteilt wird."

Nach dieser Definition sind Stereotypen gewöhnlich begleitet von positiven oder negativen Vorurteilen über allen Personen, Institutionen und Ereignisse, die zur selben Kategorie zählen.

Auf der kognitiven Ebene sind Stereotypen Verallgemeinerungen, die von Individuen und Gruppen vorgenommen werden.

Mit dieser Erscheinung haben sich Sozialpsychologen befasst und eine Theorie der sozialen Identität entwickelt.

Nach dieser Theorie, ist die soziale Identität Teil der Selbsteinschätzung einer Person. Die Zugehörigkeit zu einer sozialen Gruppe, sowie die Bedeutung , welche dieser Zugehörigkeit beigemessen wird, sind entscheidend für die soziale Identität.

Im Laufe seiner Sozialisation, teilt der Mensch die Gesellschaft in „Wir-Gruppen" (in-groups) und „Die-Da-Gruppen" (out-groups). Diese Kategorisierungen sind unvermeidlich mit Werturteilen verknüpft. Der Unterschied zwischen diesen Gruppen wird maximiert um die positive Selbsteinschätzung zu bewahren.

Da der Mensch nach einer positiven sozialen Identität strebt, schafft dieses Gruppenbewusstsein ein Wir-Gefühl in der eigenen Gruppe und ein automatisch davon begleitetes Gefühl der Andersartigkeit anderer Gruppen. Stereotypen erfüllen die Aufgabe, dass sie dem Individuum Denkmuster zur Bestätigung des eigenen Selbstwertgefühls liefern. [7]

Nach Lippmann, ist der Mensch psychologisch und physiologisch so beschaffen, dass er von Natur aus dazu veranlagt ist, Wahrnehmungen und Vorstellungen in standardisierte Raster einzuordnen, ohne die eine Orientierung für ihn unmöglich wäre.

Demzufolge sind Klischees und Stereotypen eine Art ,sedimentiertes Wissen' oder reduzierende Konzepte, die Informationen in komprimierter Form transportieren. Sozialpsychologen sind sicher, dass Stereotypen unser Erbe aus Adams Zeiten sind. Man sollte sich damit abfinden und das Beste daraus machen. Man sollte sie zum Ausgangspunkt für eine Beschäftigung im Unterricht machen, aber für eine tiefgründige Beschäftigung mit der komplexen Wirklichkeit der fremden Kultur immer wieder in Frage stellen .

2.3.2.1 **Stereotypen vs. Vorurteile**

Wichtig ist es jedoch, zwischen Stereotypen und Vorurteilen zu unterscheiden. Dies ist aber alles andere als leicht, da Vorurteile auch ein typisches Merkmal von Beziehungen zwischen Gruppen sind. Sie überlappen sich in mancher Hinsicht.

Vorurteile gelten in der Sozialpsychologie als Spezialfälle oder Unterformen von Einstellungen. Sie bestimmen nicht nur die Einschätzung ethnischer Gruppen und/oder Minderheiten. Sie sind Bestandteil privater und gesellschaftlicher Bindungen, Klassen und Schichten, Generationen und Geschlechtern und prägen das gesamte menschliche Miteinander.[8] Das sind Meinungen und Überzeugungen, so Brückner, die ohne Prüfung oder sorgfältige Überlegung gebildet und ohne jede Kritik angenommen werden, als Überzeugungen und Ansichten, sowie Einstellungen zu Personen und Dingen , die nicht auf Erfahrungen oder Kenntnis ihrer Qualitäten beruhen. Sie werden oftmals gebildet bevor solche Erfahrung gegeben war.[9] Einmal gebildet, werden sie extrem resistent gegen

---

[7] Vgl. Husemann, Harald: Stereotypen in der Landeskunde. In: Neusprachliche Mitteilungen 43/2, 1990, S. 91
[8] Vgl. Hermann-Brennecke, Gisela: Vorurteile: Eine Herausforderung an den Fremdsprachenunterricht, in: Zeitschrift für Fremdsprachenforschung 2(1), 1991, S. 68-69
[9] Vgl. Brückner, Peter: Analyse des Vorurteils: Begriff, Genese, soziale und politische Bedutung. In: Axel Silesius (Hrsg.), Vorurteile in der Gegenwart. Begriffsanalyse-Funktion-Wirkung-Störungsfaktor, 1996, Frankfurt am Main, Tribüne, S.15

Änderungen, da sie stark verfestigt, ja starr gegenüber stehen. Verallgemeinert und gefühlsgesättigt sind sie auch.

So definiert, kann man den Begriff des Vorurteils auf den ersten Blick kaum von dem des Stereotyps unterscheiden. Es wird nicht deutlich, dass das Vorurteil weit über das Stereotyp hinausgeht. Nach einigen Überlegungen, ist das unterscheidende Merkmal die *kognitive* Dimension des Vorurteils. Man kann annehmen, dass Stereotypen auf <u>Erfahrungen</u> in der Wirklichkeit basieren, die stark generalisiert auf alle übertragen werden, während Vorurteile ausschließlich auf <u>Vorstellungen</u> von Menschen und Dingen beruhen. Das Stereotyp besteht aus einem einzigen Eigenschaftskomplex, wie z.B. den einer Volksgruppe (blonde Skandinavier, krummnäsige und –beinige Handelsjuden, stolze Franzosen usw.). Vorurteile umfassen einen Konglomerat von Stereotypen und psychologischen Systemen, an denen Mitglieder sozialer Kategorien mit Ausdauer und Überzeugtheit festhalten (Vgl.Hermann-Brennecke, 1991, S. 72). In der fachlichen Literatur werden die beiden Begriffe oft verwechselt oder gleichgestellt.

2.3.2.2 Wie werden Stereotypen im Fremdsprachenunterricht transportiert?

Literarische Texte vor allem haben über Jahrhunderte zu stereotypen Vorstellungen über das Wesen von Deutschen, Franzosen, Engländern usw. beigetragen. Es besteht eine wechselseitig kontrastive Interdependenz zwischen der Vorstellung der eigenen Nation und dem eigenen nationalen Charakter –das Bild über sich selbst (Auto-Image) und das Bild über die fremde Nation (Hetero-Image) (Vgl. Husemann, 1990, S.92)

Sie unterstützen die Zuschreibung artspezifischer Attribute an Nationen, wie der Michel als Stereotyp für die Deutschen, die Marianne für die Franzosen, usw. Auch reale Landschaften erscheinen einem als „charakteristisch" oder „typisch", weil sie ihn an Gedichten, Sagen und Legenden erinnern die in die Typologie des jeweiligen Bildes passen.

Vor allem fremdsprachliche Lehrwerke transportieren Völkerbilder. Fremdsprachenlesebücher vermitteln die Sprache in erster Linie, aber die kulturkundlichen Informationen treten oft in den Vordergrund.

Im Fremdsprachenunterricht soll man die Stereotypen generell nicht verdammen, sondern versuchen ihr Potenzial zu nutzen. Beim interkulturellen Lernen ist das Ziel generell sie nicht abbauen zu wollen, sondern vielmehr sie als Ausgangspunkt zu akzeptieren. Dem Lerner soll die Möglichkeit gegeben werden selbst Einstellungen zu entwickeln, die den Lernprozess positiv beeinflussen. (Vgl.Hermann-Brennecke,1991, S.78).

2.3.3 Umgang mit Zeit und Raum und Verhältnis zwischen Privat und Öffentlich

Für das interkulturelle Lernen wichtig sind Raum- und Zeiterfahrungen, die sich in der Alltagskommunikation offenbaren. Z.B. wie nahe steht man zu einander bei formellen Begrüßungen und wie nahe bei privaten Begrüßungen und Gesprächen. Diese Rituale sagen über die Normalitätsvorstellungen der Mitglieder der jeweiligen Kultur aus.

Auch unterschiedliche Vorstellungen von Zeit und Zeiteinteilung (z.b. Pünktlichkeit, Zeitsparen, Öffnungszeiten von Geschäften, Arbeitszeiten, usw.) beruhen auf Normalitätsvorstellungen die zu Missverständnissen führen können.

Das Verhältnis Öffentlich-Privat schlägt sich u.a. im Verhältnis zwischen Bürger und Staat, im Sietzen und Duzen, in der Rolle von Vereinen, usw., nieder.

Dieser ganze Komplex kann zu Gegenstand des interkulturellen Lernens gemacht werden.

2.3.4 Kommunikative Stile

Auch an den kulturbedingten kommunikativen Stilen lässt sich das interkulturelle Lernen festmachen. Dieser Bereich umfasst verbale, sowie nonverbale Interaktionen. Zum verbalen Teilbereich gehören Wörter mit kulturspezifischen Bedeutungen, die in komplexen sprachlichen Handlungs- und Textaufbauschemata (z.B. Routinen in der alltäglichen Kommunikation) Kulturunterschiede aufweisen.

z.B. wird ein Kompliment in den USA dankend angenommen, während in Japan als höflich gilt, es zurückzuweisen. Im nonverbalen Bereich sind kulturelle Unterschiede bei der Mimik und Gestik festzustellen, die zwar teilweise universell sind, aber durchaus kulturell bedingt sein können. [10]

z.B. Das Lächeln von Asiaten ist nicht immer ein Ausdruck der Freude, sondern kann auch Emotionen wie Ärger verbergen; oder das Kopfschütteln bei Bulgaren, das als bejahend gilt bzw. das Kopfnicken als verneinend, während bei den meisten Kulturen umkehrt ist.

2.3.5 Interkulturelle Missverständnisse

„Wenn ein Adressat einer Äußerung ihr eine andere Bedeutung zuordnet, als der Sprecher und er in dem Glauben ist, der Sprecher hätte diese andere Bedeutung intendiert"

---

[10]Vgl. Bechtel, Mark: „Aspekte interkulturellen Lernens beim Sprachenlernen im Tandem" Eine Sequenzanalyse. In: Meißner, F.-J. & Reinfried, M. (Hrsg.), Bausteine für einen neokommunikativen Französischunterricht: Lernerzentrierung, Ganzheitlichkeit, Handlungsorientierung, Interkulturalität und Mehrsprachigkeitsdidaktik. Tübingen: Narr, 2001, S. 83

dann liegt für Knapp-Potthoff ein Missverständnis vor.[11] Missverständnisse können nicht nur in interkultureller Situation auftreten, sondern auch in einer *intra*kulturellen, d.h. zwischen Mitglieder einer Kultur. Die Besonderheit an der interkulturellen Kommunikation ist, dass die Interaktionssprache mindestens für einen der Beteiligten eine Fremdsprache ist. Ausdrücke, die kulturspezifische Bedeutungen und Konnotationen haben, implizieren verschiedene Handlungen und führen zu Missverständnissen.

z.b. Die Routineformel bei Amerikanern „Why don't you come and visit us" kann bei Menschen anderer Herkunft zu Missverständnissen führen. Das geschieht folgendermaßen: der Nicht-Amerikaner hat die Routineformel so verstanden, wie man sie in der eigenen Kultur verstehen würde. Er besucht dementsprechend seinen Bekannten unangekündigt und wird dabei glatt zurückgewiesen mit der Begründung, er habe anderen Termin. Der Grund des Missverständnisses ist, dass die beiden, unterschiedliche Verhaltensmuster und Reaktionen von einander erwarten und dass beide die Routineformel unterschiedlich interpretieren.

Um solche Missverständnisse zu vermeiden, müssen sich die Beteiligten über ihre Normalitätserwartungen äußern, was für sie im Normalfall üblich und selbstverständlich ist. Dies ist unter dem Begriff Metakommunikation erfaßt, Fähigkeit über die Kommunikation zu kommunizieren.

Für den Fremdsprachenunterricht hat dies die Implikation, dass in den Lehrwerken anhand von nichtmuttersprachlichen Dialogen veranschaulicht werden kann, welche Missverständnisse vorkommen können. So können Strategien entwickelt werden mit ihnen umzugehen.

2.3.6 Literarische Texte

Literarische Texte eignen sich besonders für interkulturelles Lernen. Sie fördern Fähigkeiten wie Perspektivenübernahme und Perspektivenkoordination und ermöglichen dem Lerner authentischen Einblick in die fremde Kultur.

Der Lerner ist aber mit einem authentischen literarischen Text vor drei schweren Aufgaben gestellt: erstens ist der Text sprachlich fremd, dann kulturell fremd (enthält dem Lerner unbekannte Vorannahmen des Autors) und letztendlich fremd, weil Fiktion noch mal eine Abweichung von der Wirklichkeit darstellt. Dennoch sind literarische Texte geeignetes Mittel Zugang in die fremde Kultur zu verschaffen und zentrale Wertvorstellungen und Konflikte zwischen ihnen in der fremden Kultur zu thematisieren.[12]

---

[11] Vgl. Knapp-Potthoff, Annelie: Strategien interkultureller Kommunikation. In: J. Albrecht, , H. W. Drescher, H. Göring, N. Salnikow (Hrsg.): Translation und interkulturelle Kommunikation. Frankfurt am Main 1987, S. 431

[12] Vgl. Bechtel, Mark: „Aspekte interkulturellen Lernens beim Sprachenlernen im Tandem" Eine Sequenzanalyse. In: Meißner, F.-J. & Reinfried, M. (Hrsg.), Bausteine für einen neokommunikativen

2.4 Das Tandem als Ort interkulturellen Lernens

Obwohl empirische Forschungsergebnisse über die Eignung vom Tandem zum interkulturellen Lernen bisher sehr selten sind, es wird angenommen, dass das Tandem ein großes Potenzial dafür bietet.

Die Tandem Partner kommen aus verschiedenen Kulturen, Wert- und Referenzsystemen. Sie haben besondere Wahrnehmungs- und Handlungsmuster und bestimmte Meinungen über die Phänomene aus ihrem Umfeld (politische und soziale Verhältnisse, Verhaltensnormen, usw.). Sie sind verschiedene Persönlichkeiten, mit eigenen Normen und Bewertungsmaßstäbe- in diesem Sinne stellen sie eine Subkultur für sich dar.

Beide verfügen über Vorerfahrungen mit der anderen Kultur, sei es indirekt, durch Erlernen der Fremdsprache in der Schule, oder direkt durch Aufenthalte im Zielsprachenland.

Im Tandem entsteht somit eine Überschneidungssituation, im sprachlichen, sowie im kulturellen Kontext. Das Lerninteresse ist beidseitig, weil sich die Interaktionssprachen abwechseln, wobei jeder die Möglichkeit hat seine Zielsprache und Zielkultur authentisch zu lernen und erleben. Im Tandem mischen sich Fremdsprache und Muttersprache, Eigenkulturelles und Fremdkulturelles.

Einige Argumente sprechen für das Tandem als Ort für interkulturelles Lernen:

- die Tandempartner gelten als Sprach- und ‚Kultur-Experten' ihrer Alltagskultur und ihre Lebenswelt und repräsentieren sie;
- Tandempartner machen Kulturvergleich beim Interagieren;
- Tandempartner wechseln die Perspektiven um die andere Kultur besser zu verstehen. So werden fremdes Verhalten und Denken ergründet;
- der Perspektivenwechsel fördert die Reflexion über die eigene Kultur;
- beide Tandempartner legen ihre jeweiligen Außen- und Innenperspektiven dar und so kommt es zu wechselseitige Perspektivendarstellung;
- Tandempartner vermitteln zwischen eigener und fremder Kultur.[13]

Zentrale Rolle beim Tandem im Hinblick auf das interkulturelle Lernen spielt die Perspektivierung. Man unterscheidet zwischen Außen- und Innenperspektive, wobei jeder Partner beide Perspektiven hat; sie sagen darüber aus, wie man sich selbst und die eigene Lebenswelt sieht und wie man den anderen und seine Lebenswelt sieht. Dieses Modell der

---

Französischunterricht: Lernerzentrierung, Ganzheitlichkeit, Handlungsorientierung, Interkulturalität und Mehrsprachigkeitsdidaktik. Tübingen: Narr, 2001, S. 87

[13] Vgl. Bechtel, Mark: „Aspekte interkulturellen Lernens beim Sprachenlernen im Tandem" Eine Sequenzanalyse. In: Meißner, F.-J. & Reinfried, M. (Hrsg.), Bausteine für einen neokommunikativen

Perspektivierung setzt voraus einen gemeinsamen Sachverhalt. Bei der Behandlung eines Themas werden eigene Perspektiven dargestellt und Annahmen über die fremden Perspektiven geäußert. Hierzu agiert der Tandempartner als Vermittler zwischen diesen Perspektiven. Dabei kann sich der Fokus von einem Sachverhalt zum anderen bewegen.

Ein anderer Prozess interkulturellen Lernens vollzieht sich im Tandem: der Kulturenvergleich. Auch er bezieht sich auf einen gemeinsamen (konkreten) Sachverhalt.

2.4.1 Fallbeispiel

Analysiert wird ein Beispiel[14] einer Tandem-Interaktion zwischen einer französischen und einer deutschen Partnerin. Die Konversation läuft auf Französisch.

Der gemeinsame Sachverhalt in dieser Interaktion setzt sich zum einen, aus einem übergreifenden (allgemeineren) Thema „Interesse an Umweltbelangen" aus und aus einem spezifischeren Thema „Atomenergie". Das allgemeinere Thema bildet somit die thematische Klammer.

Initiiert wird das Thema durch das Stichwort ‚Atomenergie' der deutschen Tandempartnerin, was die französische Partnerin als Anlass nimmt, die innere Perspektive darzustellen. Sie verbindet das sofort mit dem allgemeineren Thema „Interesse an Umweltbelange" und schildert wie sie dieses Interesse in Frankreich einschätzt. Man beachte, das die innere Perspektive nicht ihre eigene ist, sondern die ihrer Landesleute. Sie selbst nimmt eine kritische Beobachterposition ein und äußert das Autostereotyp: in Frankreich seien Umweltbelange völlig egal. Sprachlich realisiert wird das durch den unpersönlichen Pronomen „man" und mit einem Beispiel versehen: man werfe alles zusammen, man trenne den Müll nicht). Dieses Thema wird noch mal am Ende der Konversation aufgenommen. Die französische Partnerin führt dann mehrere Innenperspektiven an und unterscheidet streng zum einen zwischen der Perspektive der französischen Regierung bezüglich ihrer Informationspolitik nach dem Tschernobyl-Unfall und ihrer eigenen Perspektive und zum anderen differenziert sie in der französischen Gesellschaft zwischen der Perspektive von jungen Leuten und derjenigen von anderen.

Auch die Äußerungen der deutschen Tandempartnerin stellen eine Innenperspektive dar. Auch sie produziert ein Autostereotyp, nur mit dem Unterschied, dass sie zwischen mehreren Perspektiven nicht differenziert. Die beiden verwendeten Autostereotypen werden

Französischunterricht: Lernerzentrierung, Ganzheitlichkeit, Handlungsorientierung, Interkulturalität und Mehrsprachigkeitsdidaktik. Tübingen: Narr, 2001, S. 88 - 93
[14] Transkript aus Bechtel 2001 (liegt als Anhang vor)

jeweils von der anderen Tandempartnerin bestätigt, das heißt, die Außenperspektive der deutschen Partnerin stimmt mit der Innenperspektive der französischen Partnerin überein und umgekehrt. Im Perspektivenwechsel vollzieht sich ein Kulturvergleich. Der gleiche Sachverhalt wird einmal für deutsche und einmal für französische Verhältnisse thematisiert.

Den Kern der Konversation bildet der zweite Sachverhalt „Umgang mit Atomenergie". Um eine Darstellung einer Innenperspektive zu bewirken, äußert die deutsche Partnerin eine Annahme, wie Franzosen zu Atomkraftwerken in Frankreich stehen. Dabei kommt es zu Perspektivenübernahme. Die Reaktion der französischen Partnerin ist tatsächlich Darstellung der Innenperspektive. Auch hier, wie im ersten Teilthema, möchte sie nicht auf die Unterscheidung verzichten, was ihre eigene Position zum Thema ist und wie im allgemeinen die Franzosen dazu stehen. Sie differenziert sehr genau und führt ein Beispiel von Atomkraftgegnern in Frankreich an. Obwohl sie im Grunde genommen dem Bild von Franzosen als Befürworter von Atomkraft zustimmt, möchte sie das Allgemeingültige daran nicht stehen lassen, sondern berichtet über Gegenbeispiele.

Um die Gültigkeit der obengenannten Argumente zu testen, die für das Tandem als der Ort interkulturellen Lernens sprechen, kann dieses Beispiel zunächst mal unter dem ersten Gesichtspunkt analysiert werden, nämlich „Kulturexperten".

Die französische Partnerin nimmt von Anfang an die Rolle des „Kulturexpertin" ein, in dem sie kompetent und objektiv über die Ereignisse zum Sachverhalt in ihrem Land berichtet und indem sie auch die eigenen Erfahrungen mit einbringt. Sie bemüht sich um objektive und neutrale Darstellung der Fakten, über die sie gut Bescheid weiß, obwohl sie nicht immer davon betroffen war. Sie bietet also der deutschen Partnerin sehr viel landeskundliche Informationen. Die Tandempartnerinnen verstehen sich beide als Expertinnen der eigenen Kultur. Die Rolle des Experten bekommen sie auch zugewiesen, wie z.B. als die französische Partnerin eine landeskundliche Frage an die deutsche Partnerin richtet. Die letzte wird also als Expertin angesprochen.

Das Tandem ermöglicht direkten Kontakt mit authentischen Vertretern der jeweiligen Kultur und regt dazu an, über die eigene Kultur nachzudenken und Antworten zu finden, womit man sich vorher möglicherweise nicht so intensiv auseinandergesetzt hat. Somit ist die Möglichkeit gegeben, sich als Kulturexperte weiter ‚auszubilden'.

Die Suche nach Gemeinsamkeiten und Unterschiede vollzieht sich in diesem Beispiel auf der Ebene des Kulturvergleichs. Zum konkreten Sachverhalt wird verglichen, bzw. gegenübergestellt (in Deutschland wird der Müll getrennt, in Frankreich nicht).

Gemeinsamkeiten werden festgestellt, als die französische Tandempartnerin deutlich macht, dass es auch in Frankreich Atomgegner gibt.

Ferner, deutlich sind die Übereinstimmungen über die Einschätzungen des anderen: das Bild, das man vom anderen ist im wesentlichen das, was man auch von sich selbst hat. Dies kann man auch unter Gemeinsamkeiten einordnen.

Zusammenfassend zu dieser Fallbeispielanalyse lässt sich folgendes sagen: das interkulturelle Lernen vollzieht sich durch Aufstellen von Annahmen über die fremde Kultur und ihr Testen, durch Differenzierung des Bildes vom fremden Land und Hervorheben von *intra*kulturellen Unterschieden, aber auch durch Feststellen von Gemeinsamkeiten.

3   Zusammenfassung

Interkulturelles Lernen ist ein   Teillernziel des Fremdsprachenunterrichts und ist nicht unabhängig vom Spracherwerb vermittelbar. Für manche Lehrforscher ist dies ein überflüssiger Begriff. Nach denen, lässt er sich vollständig mit der Bezeichnung „interkulturelles Fremdsprachenlernen" erfassen.

Versuche, das interkulturelle Lernen als Lernziel für sich zu definieren, sind nicht überzeugend. Kulturelles Wissen lässt sich kaum systematisieren und ist als solches ohne Fremdsprachenunterricht unvermittelbar.

Interkulturelles Lernen soll den Lerner befähigen, in interkulturellen Interaktionen (sprachlich) angemessen zu reagieren und es ermöglicht Erkenntnisse und Erfahrungen aus der fremden Kultur wahrzunehmen, kritisch zu betrachten und mit den aus der eigenen Kultur zu vergleichen, ohne zu bewerten. Endziel des interkulturellen Lernens ist Angehörige anderer Kulturen besser verstehen zu können und mit ihnen besser kommunizieren zu können.

Das Tandem als Ort der Kulturenbegegnung ist besonders geeignet für (außerinstitutionelles) interkulturelles Lernen. Durch den gegebenen reziproken Lehr-Lern-Kontext wird das sprachliche und kulturelle Lernen maximiert. Hier ist die Möglichkeit gegeben, vorhandene Stereotypen über die fremde Kultur abzubauen, das Bild von der anderen Kultur zu präzisieren und differenzieren und für individuelle Unterschiede zu sensibilisieren.

<u>Anhang</u>

Fallbeispiel „On s'en fout quoi"

Beteiligte: Johanna (Deutsche) und Veronique (Französin)

Thema: „Kulturelle Besonderheiten und Unterschiede"

J em.."l'énergie nucléaire"   em   ça/

V   mhm   oui oui oui   mais on est beaucoup

V moins euh on est beaucoup moins em intéressé par la nat/ par la la nature

---

J   mhm c'est ça   mhm

V l'écologie   c'est/ par rapport à l'Allemagne c'est fou quoi

---

V c'est/ à la limite on s l'impression les les Français s'en fout quoi

---

J (lacht)

V   c'est vrai quoi `fin on balance des déchets comme ça tout ensemble

---

J mhm   il semble ils n'ont pas peur em de la/euh de

V   il y a pas de tri il y a rien

J l'énergie nucléaire   ils ont confiance que

V   ils n'ont pas peur fin quoi que

J c'est sûr

V la/   oui et puis euh mais euh.. on a une centrale nucléaire..en

---

J   mhm

V France qui s'appelle „Phénix"   et qui a été arrêtée parce que .. les

---

V analyses avaient fait qu'elle était dangereuse et là les différents

---

V gouvernements veulent à à chaque fois. .veulent la/..REouvrir la centrale

---

J   mhm

V et   et il y a des associations de défense de l'environnement qui sont

---

V contre tout ça donc euh ..à chaque fois on retarde l'ouverture de „Phénix"

J mhm

V   donc c'est/mais euh c'est vrai que/..mais em..moi j'habite en B. et il

---

J   mhm

V   fallit y avoir une centrale nucléaire euh.. à 15 kilomètres non fin à 30

V kilomètres de chez moi et les habitants là les habitants xx euh se sont

---

J   mhm

V vraiment BATTUS   mais VRAIMENT mais pas/vraiment battus

J	mhm oui?
V	physiquement avec les les forces de l'ordre euh ça a dur<u>é</u> em euh/ ils/ la

J	mhm
V	population s'est/ elle elle s'est vigoureusement défendue contre ça

V	finalement le projet a été retiré..et ouh oui ça c'était il y a 15 ans il y a 15

J	mhm
V	ans de ça et maintenant euh em ..il a été reconnu que.. une centrale

J	mhm (lacht) j'ai une amie
V	nucléaire à cet endroit aurait été inutile SUPER..

J	à P. au sud de France.. P. ...C'est une petite ville et..il il y a
V	où ça? ah oui oui

J	beaucoup beaucoup de.. cen/ centrales nucléaires
V	centrales nucléaires? ah oui c'est vrai

J	mhm et quand je seulement vois les les em les entreprises? usines?
V	oui... oui

J	donc qu'est –ce qu'on dit? usines..j'ai peur (lacht) mais...ils ne
V	usines oui oui oui oui

J	sentaient pas (lacht)
V	même quand euh il y a eu Tchsernobyl en France..äh

V	les autorités françaises ont dit: oui le nuage s'est arrêté à la frontière franco-

J	(lacht laut)
V	allemande (klopft auf den Tisch)et à / aux informations les

J	mhm
V	journalistes ont répété tout ça...mais là mais OH n'importe quoi quoi

J	(lacht) (lacht)
V	ah bien tiens (lacht) SUPER SPING tout est resté sur

J	oui (lacht) mhm (räuspert sich)
V	l'Allemagne (lacht) ah tu vois ils sont/ on est/ on

J	mhm
V	s'ent fout quoi c'est ça qui est dommage quoi les jeunes un peu moins

J	c'est aussi pour
V	mais les gens qui ont xxx le temps on s'en/..rien à faire..

J la pollution...les Allemands sont..tres x..mm ils s'occupent beaucoup

J ..de l'environnement   ...

V oui   oui..et ça vient de quoi ça? euh depuis toujours ou?

J oui..je crois (lacht)   à p/ em les annees..80 je crois   la

V   ah oui   ah oui...

J mode (lacht)...

V   andere ..Art ..sich zu kleiden

Literaturverzeichnis

1. Bechtel, Mark: Aspekte interkulturellen Lernens beim Sprachenlernen im Tandem. Eine Sequenzanalyse. In: Meißner, F.-J. & Reinfried, M. (Hrsg.), *Bausteine für einen neokommunikativen Französischunterricht: Lernerzentrierung, Ganzheitlichkeit, Handlungsorientierung, Interkulturalität und Mehrsprachigkeitsdidaktik*. Tübingen: Narr, 2001, S. 44 – 96

2. Brückner, Peter: Analyse des Vorurteils: Begriff, Genese, soziale und politische Bedutung. In: Axel Silesius (Hrsg.), *Vorurteile in der Gegenwart. Begriffsanalyse-Funktion-Wirkung-Störungsfaktor*, 1996, Frankfurt am Main, Tribüne, S. 11-32

3. Edmondson, Willis & House, Juliane: Interkulturelles Lernen: ein überflüssiger Begriff. In: *Zeitschrift für Fremdsprachenforschung, 9(2)*, 1998, S. 161 - 188

4. Hermann-Brennecke, Gisela: Vorurteile: Eine Herausforderung an den Fremdsprachenunterricht, in: *Zeitschrift für Fremdsprachenforschung* 2(1), 1991, S.64-98

5. Husemann, Harald: Stereotypen in der Landeskunde, in: *Neusprachliche Mitteilungen* 43/2, 1990, S. 89-98

6. Knapp-Potthoff, Annelie: Strategien interkultureller Kommunikation. In: J. Albrecht, , H. W. Drescher, H. Göring, N. Salnikow (Hrsg.): *Translation und interkulturelle Kommunikation*. Frankfurt am Main 1987, S. 431

7. Knapp, Karlfried / Knapp-Potthoff, Annelie: Interkulturelle Kommunikation. In: *Zeitschrift für Fremsprachenforschung 1*, 1990, S. 62-93

8. Knapp-Potthoff, Annelie: Interkulturelle Kommunikation als Lernziel. In: Knapp-Potthoff, A., Liedke, M. (Hrsg.) , *Aspekte interkultureller Kommunikationsfähigkeit*, München: Iudicum, 1997, S. 181-205

9. Rösler, Dietmar: Drei Gefahren für die Sprachlehrforschung im Bereich Deutsch als Fremdsprache: Konzentration auf prototypische Lernergruppen, globale Methodendiskussion, Trivialisierung und Verselbstständigung des Interkulturellen. In: *Jahrbuch Deutsch als Fremdsprache 19*, 1993, S. 77-99

Lightning Source UK Ltd.
Milton Keynes UK
UKHW010643150519
342714UK00002B/623/P